Herder Taschenbuch 1725

Frère Roger, Taizé

Liebe aller Liebe

Die Quellen von Taizé

Herder Taschenbuch Verlag

Veröffentlicht als Herder-Taschenbuch
Lizenzausgabe von Les Presses de Taizé
Die französische Originalausgabe erschien 1990
Deutsche Übersetzung: Communauté von Taizé
Buchumschlag: Werner Bleyer
Foto: Vladimir Sichov, Paris

Herder Freiburg · Basel · Wien
Satz: Les Presses de Taizé
Herstellung: Freiburger Graphische Betriebe 1990
ISBN 3-451-08725-1

Jesus Christus, du warst immer in mir, und ich wußte es nicht. Du warst da, und ich suchte dich nicht.

Als ich dich entdeckt hatte, brannte ich darauf, daß du mein ein und alles bist. Ein Feuer durchglühte mich.

Wie oft aber vergaß ich dich wieder. Und du hast nicht aufgehört, mich zu lieben.

»Mitten unter euch steht einer, den ihr nicht kennt« (Johannes).[1]

Wo du auch bist auf der Erde – du möchtest das Geheimnis ergründen, das im Innersten deines Herzens liegt: ahnst du in dir, und sei sie flüchtig, die stille Erwartung einer Gegenwart?

Dieses schlichte Erwarten, dieses einfache Verlangen nach Gott ist bereits der Anfang des Glaubens.[2]

Unter uns ist der, den wir nicht kennen. Für den einen zugänglicher, für den anderen verborgener ... jeder könnte voll Staunen ihn sagen hören: »Warum solltest du dich fürchten? Ich, Christus Jesus, bin da. Zuerst habe ich dich geliebt[3] ... in dich habe ich meine Freude gelegt.«

* * *

Du weißt sehr wohl, wie zerbrechlich deine Antwort ist. Hilflos stehst du manchmal vor der Unbedingtheit des Evangeliums.

Schon ein Glaubender der ersten Stunde sagte zu Christus: »Ich glaube, komm meinem Unglauben zu Hilfe.«[3]

Denk daran, ein für allemal: weder die Zweifel noch der Eindruck, Gott würde schweigen, entziehen dir seinen Heiligen Geist.

Gott bittet dich darum, im Vertrauen des Glaubens dich Christus zu überlassen und seine Liebe zu empfangen.

Magst du auch hin und hergerissen sein – es ist an dir allein, die Entscheidung zu treffen; keiner kann es für dich tun.

Du willst ohne zurückzuschauen[5] Christus nachfolgen – wagst du es immer neu, dem Evangelium Vertrauen zu schenken[6]?

Nimmst du einen neuen Anlauf, begeistert von Dem, der ohne je sich aufzudrängen, still dich begleitet? Er, der Auferstandene, ist in dir und geht dir auf dem Weg voraus.

Läßt du es zu, daß er in die Tiefe deiner selbst die Frische einer Quelle legt? Oder errötest du beschämt und sagst sogar: Ich bin nicht würdig, von ihm geliebt zu sein?

Eines fasziniert an Gott: die Demut seiner Gegenwart. Niemals bestraft er, nie verletzt er die Menschenwürde. Er zieht nicht am Strick, um sich Gehorsam zu verschaffen. Jede autoritäre Geste würde sein Antlitz entstellen. Der Eindruck, Gott käme, um zu strafen, ist eines der größten Glaubenshindernisse.

Christus, »arm und niedrig von Herzen«[7], setzt niemals einen Menschen unter Druck.

Drängte er sich auf – wer würde es wagen, dich einzuladen, ihm nachzufolgen?

In der Stille deines Herzens flüstert er: »Hab keine Angst, ich bin da«.[8]

Erkannt oder nicht: Christus, der Auferstandene, bleibt wie insgeheim bei jedem Menschen, auch bei dem, der es nicht weiß.

Brennen im Herzen des Menschen, Licht in der Dunkelheit[9], liebt er dich wie seinen Einzigen[10]; für dich hat er sein Leben hingegeben, darin liegt sein Geheimnis.

*
* *

Da du mit Christus vereint bist, weißt du, daß Kampf und Kontemplation ein und dieselbe Quelle haben: wenn du betest, geschieht es aus Liebe, wenn du darum kämpfst, dem am meisten Mißhandelten wieder ein menschliches Gesicht zu geben, geschieht auch das aus Liebe.

*
* *

Gott, zu strahlend als daß man ihn schauen könnte, scheint das Auge zu blenden. Christus fängt dieses verzehrende Feuer auf und läßt Gott durchscheinen[12] ohne zu blenden.

Sei nicht erstaunt, wenn das Wesentliche deinen Augen verborgen bleibt. So wächst die Sehnsucht nur noch mehr, dem Auferstandenen entgegenzugehen.

Im Laufe der Zeit wirst du die Tiefe, die Weite einer Liebe ahnen, die alles Erkennen übersteigt[13]. Bis ans Ende deines Lebens wirst du daraus bewunderndes Staunen schöpfen und auch die Kühnheit, neu zu beginnen.

*
* *

In jedem Menschen findet sich ein Stück Einsamkeit, das keine menschliche Nähe auszufüllen vermag.

Und dennoch bist du nie allein. Laß dich ausloten bis in dein innerstes Sein[14], und du wirst sehen, daß in der Tiefe deines Wesens, dort wo kein Mensch dem anderen gleicht, Christus dich erwartet. Und das Unerhoffte geschieht.

* * *

Christus ist nicht gekommen, »um aufzuheben, sondern um zu erfüllen«[15]. Wenn du in der Stille deines Herzens lauschst, begreifst du, daß er die menschliche Kreatur nicht demütigt, sondern selbst das Beunruhigendste in dir verklärt.

Sollte dir unbehaglich werden, sobald du dich selbst entdeckst? Wer könnte dich denn verurteilen, wenn Jesus für dich betet?[16] Wolltest du dich für alles anklagen, was dich umtreibt – deine Tage und Nächte reichten nicht aus.

Stellen sich innere Anfechtungen ein oder trifft dich Unverständnis von seiten anderer, so vergiß nicht, daß aus derselben Wunde, in die die aufwühlende Unruhe einstürzt, auch schöpferische Lebenskräfte erwachsen. Und es öffnet sich ein Durchlaß, der vom Zweifel zum Vertrauen, von Fruchtlosigkeit zu schöpferischer Entfaltung führt.

*
* *

Umzingelt dich das Unbegreifliche? Wenn die Nacht undurchdringlich wird, ist seine Liebe ein Feuer. Von dir hängt es ab, ob du auf diese Lampe schaust, die in der Finsternis brennt, bis sich die erste Morgenröte zeigt und der Tag anbricht in deinem Herzen[16].

Du weißt genau: nicht du schaffst diese Quelle des Lichts; sie kommt von Christus.

Hell leuchtend zieht die Liebe Gottes vorüber, wie ein Blitz durchstreift der Heilige Geist jeden Menschen in seiner Nacht. Durch diese geheimnisvolle Gegenwart ergreift dich der Auferstandene, er kümmert sich um alles und nimmt selbst harte Anfechtungen auf sich.

Erst nachträglich, manchmal viel später, begreifst du, daß es nie an seiner Überfülle fehlt. Und du sagst: »Brannte mir nicht das Herz, während er zu mir sprach?«[18]

* * *

Wirst du dem Auferstandenen nahe bleiben, auch ohne ihn recht zu erkennen, in langen Zeiten der Stille, in denen sich nichts zu ereignen scheint?

Hier werden die stärksten Entscheidungen erwogen. Hier vergeht das ständige »Warum, wozu?«.

Sag es ihm, wenn du schlecht verstehst, was er von dir erwartet. Sag ihm alles im schlichten Gebet, auch das Unsägliche.

Habe leidenschaftliche Geduld und mache dir keine Sorgen, daß du nicht recht zu beten weißt. Ist dir nicht klar, daß jede geistliche Anmaßung deine Seele in einen kleinen Tod treiben würde?

Läßt du dich darauf ein, durch dein Leben das Gedicht einer Liebe mit ihm zu schreiben? Findest du Wege, ihn, den Auferstandenen, selbst in der Dürre der dürstenden Erde deines Leibes und deines Geistes zu erwarten?

Er weckt in dir eine Eingebung, neuen Lebensmut... Und eine Wüstenblume, eine Freudenblüte sprießt in dir[19].

Auferstandener, du nimmst uns mit unserem Herzen an, wie es gerade ist. Warum sollten wir, bevor wir zu dir gehen, erst darauf warten, daß sich unser Herz ändert? Du verklärst es.

Mit unseren eigenen Dornen entzündest du ein Feuer. Die offene Wunde in uns ist der Ort, an dem du deine Liebe eingießt. Und selbst in unseren Verletzungen läßt du Gemeinschaft mit dir wachsen.

Deine Stimme zerreißt unsere Nacht, und die Tore des Lobpreises tun sich in uns auf.

Du willst ohne zurückzuschauen Christus nachfolgen: denk daran, daß du in seiner Nachfolge unwiderstehlich zum Miteinanderteilen und zu einem Leben in großer Einfachheit geführt wirst.

Du könntest in deinem Zimmer ein Wort aufhängen, das geradewegs aus dem Herzen Christi kommt: »Was ihr dem Geringsten meiner Brüder tut, das tut ihr mir!«[20]

Wer wird das Beste seiner schöpferischen Gaben dafür einsetzen, daß das Leiden überall auf der Erde verringert wird, wo es Krankheiten, Hunger und Elendsbehausungen gibt?

Wer wird den Ruf der Völker verstehen, die »im Dunkel und im Schatten des Todes«[21] leben? Wer wird Sauerteig des Vertrauens und des Friedens sein, um aus der Spirale des Hasses und der Angst zwischen einzelnen wie unter Völkern auszubrechen?

*
* *

Manche überlegen: existierte Gott, ließe er keine Kriege, Gewalt, Krankheit oder Unterdrückung zu, auch nicht für einen einzigen Menschen auf der Erde; existierte Gott, würde er den Menschen daran hindern, das Böse zu tun.

Vor bald dreitausend Jahren zieht der Prophet Elija eines Tages in die Wüste, um Gott zu lauschen. Ein Orkan bricht los, dann ein Erdbeben und ein ungestümes Feuer. Aber Elija begreift, daß Gott nicht diesen Entfesselungen der Natur innewohnt. Dann tritt überall Ruhe ein, und Elija hört Gott wie im Flüstern eines leichten Windhauchs.[22] Etwas Ergreifendes offenbart sich ihm: oft vernimmt der Mensch die Stimme Gottes in einem Stillehauch.

Mit zum ersten Mal in der Geschichte wird eine dermaßen klare Eingebung aufgeschrieben: Gott jagt keinem Menschen durch gewalttätige Mittel Schrecken ein. Gott ist niemals der Urheber des Bösen, von Erdbeben, Krieg, Unglück auf Erden.

Weder Leiden noch Elend der Menschen sind gottgewollt.

Gott zwingt sich nicht auf. Er läßt uns frei zu lieben oder zu hassen, zu verzeihen oder die Vergebung abzulehnen. Gott sieht der Qual der Menschen jedoch niemals unbewegt zu. Er leidet mit dem Unschuldigen, dem Opfer unbegreiflicher leidvoller Prüfung, er leidet mit jedem.[20] Es gibt einen Schmerz Gottes, ein Leiden Christi.

* * *

Hast du etwa Angst vor deiner eigenen Angst? Gemeinschaft mit Christus gibt dir den Mut, dich dafür einzusetzen, daß die Erde bewohnbar wird: die am schlechtesten versorgten, durch ungerechte Verhältnisse niedergehaltenen Menschen sollen nicht vergessen werden.

Es ist möglich, mit den härtesten Ereignissen etwas aufzubauen, anstatt sie nur über sich ergehen zu lassen.

Du weißt sehr wohl, daß die gerechte Verteilung der Güter unter allen Menschen eine Bedingung für den Weltfrieden ist. Und die weitreichenden wissenschaftlichen und technischen Errungenschaften sind unverzichtbar, um Hungersnöte abzuschaffen und körperliches Leiden zu lindern.

Hast du offene Augen für alle, die unschuldig leiden, für die Kinder, die von zerbrochenen Beziehungen, menschlicher Verlassenheit gezeichnet sind, und auch für die unzähligen alten Menschen, die unter unerträglicher Vereinzelung leiden?

*
* *

Mach dir keine Sorgen, wenn du sehr wenig zu teilen hast: einen geringen Glauben, wenig Besitz.[23] Du teilst dieses Wenige, und Gott schenkt dir eine Überfülle des Herzens, die nie versiegt.

Wer seinen Besitz teilt, kann nicht umhin, den eigenen Lebensstil zu vereinfachen und die Wohnung zu öffnen. Es braucht nur ganz wenig, um gastfreundlich zu sein. Zuviel Besitz hemmt die Gemeinschaft eher als sie zu erweitern. Bei Tisch entfaltet sich der Geist des Festes in der Einfachheit.

Vereinfachen, um intensiv zu leben – darin findest du den Geschmack am Leben.

Mit erfinderischer Phantasie gelingt es dir auch bei geringen Mitteln, deine Umgebung in Schönheit zu gestalten.

Freude soll in dir singen, die herrliche Gabe der Schöpfung: in ihr erkennen deine Augen einen Widerschein der Ewigkeit.

Christus, Retter allen Lebens, du kommst immer auf uns zu.

Dich empfangen, im Frieden der Nächte wie in der Stille der Tage, in der Schönheit der Schöpfung wie in Stunden heftiger innerer Kämpfe, heißt wissen, daß du in jeder Lage, daß du stets bei uns bist.

Du willst ohne zurückzuschauen Christus nachfolgen, wirst du dich darauf vorbereiten, auch mitten in stärksten Spannungen deinen Weg mit einem versöhnten Herzen zu gehen?

Was nützt es, bei jedem Mißverständnis herauszufinden, wer recht und wer unrecht gehabt hat?

Deine Absichten werden vielleicht entstellt. Verzeih, wenn man dich um Christi willen verleumdet[24]. Du wirst frei sein, unvergleichlich frei.

Verzeihen, immer wieder verzeihen, darin liegt die äußerste Form der Liebe.[25] Du machst dir das letzte Gebet Jesu zu eigen: »Vergib ihnen, sie wissen nicht, was sie tun.«[26]

Du verzeihst, nicht um den anderen zu ändern, sondern einfach um Christus nachzufolgen.

Betrachte den Nächsten nicht nur in einem Abschnitt seiner Existenz, sondern auf dem Hintergrund seines ganzen Lebenswegs.

Suche die Lauterkeit des Herzens. Meide alle geschickten Machenschaften. Bediene dich niemals des Gewissens des anderen, indem du seine Unsicherheit als Hebel benützt, um ihn deinen Plänen gefügig zu machen.

Um vom Versucher befreit zu werden, besinge Christus bis zur ungetrübten Freude.

Zur Freude ruft er dich, nicht zur Trübsal.

In jedem Lebensalter Glaubensmut. Bis in das Grau der Tage seine helle Freude, ja fröhliche Unbekümmertheit. Nicht seufzen, sondern in jedem Augenblick alles auf ihn legen, selbst noch den von Strapazen verbrauchten Leib.

*
* *

Christus ist Gemeinschaft. Findest du Wege, nicht aus Christus für sich genommen zu leben, sondern aus dem Auferstandenen, der auf der Erde in der Gemeinschaft seines Leibes, seiner Kirche, zugegen ist? Strahlt sie ein Geheimnis der Mütterlichkeit und der Vergebung aus, ist sie ein lauterer Widerschein Jesu Christi.

Einer der ersten Zeugen des Evangeliums hatte es schon begriffen: »Ich kann die Gabe haben, im Namen Gottes zu sprechen, alle Erkenntnis haben, einen so großen Glauben, daß er Berge versetzt; wenn ich die Liebe nicht habe, nützt es nichts.«[27]

In der einzigartigen Gemeinschaft, die die Kirche ist, zerstückelt alter oder neuer Widerstreit den Leib Christi.

Lichtvolle ökumenische Berufung ist es und wird es immer sein, eine Versöhnung ohne Aufschub zu verwirklichen.

Dem Evangelium nach wartet die Versöhnung nicht: »Wenn du deine Opfergabe zum Altar bringst, und dein Bruder etwas gegen dich hat, so laß sie liegen, geh und versöhne dich zuerst.«[28]

»Geh zuerst!« und nicht: »Verschieb es auf später!«

Der Ökumenismus nährt eitle Hoffnungen, wenn er die Versöhnung auf später verschiebt. Er fährt sich fest, ja erstarrt, wenn er es zuläßt, daß parallele Wege entstehen, auf denen die frischen Kräfte des Verzeihens sich verschleißen.

Sich versöhnen heißt das Evangelium voll und ganz befolgen... und dadurch wird ein Ferment des Friedens und der Versöhnung in der ganzen Menschheitsfamilie freigesetzt.

* * *

Aber wo das Brennen einer Liebe finden, die versöhnt? Wo?

Du weißt doch, daß wir Christus nachfolgen, der »litt, aber niemandem drohte; er trug mit seinem Leib die Last unserer Sünden und seine Wunde hat uns geheilt«[29].

Glücklich, wer in seiner Nachfolge bis zum äußersten Mitleiden geht: »Liebt eure Feinde, betet für eure Verfolger.«[30]

Wenn wir nur die Menschen lieben, die uns lieben, tun wir nichts Besonderes. Das kann auch tun, wer ohne Christus auskommt; ein Nichtglaubender vermag genauso zu handeln.[31]

Tiefgehende Umkehr geschieht, sobald wir, sogar zurückgestoßen oder gedemütigt, im Augenblick Gott die Menschen anvertrauen, die uns verletzt haben.

* * *

Die Versöhnung ist ein Frühling des Herzens. Wer sich ohne Aufschub versöhnt, macht eine verblüffende Entdeckung: das eigene Herz verändert sich.

Wenn du dich entschließt, eine Trennung zu beenden und zu denen auf der anderen Seite gehst und zu ihnen sagst: Ich komme, um mich zu versöhnen, und sie antworten: Kommt nicht in Frage – was tun?

Wagst du einen kühnen Vorstoß? Läßt du die Bedenken fallen, die dich einsam machen, und kehrst du zu den Menschen zurück, die dich abgewiesen haben, und sagst zu ihnen: Ich komme, um mich zu versöhnen?

Jagen sie dich unwirsch davon – welche Entdeckung! –: du hast sie still inwendig angenommen. So erstaunlich es klingt – wenn du das Wagnis des Vertrauens eingehst, steigt in dir helle, unbeschwerte Freude auf.

⁂

Im Geheimnis der Gemeinschaft, das die Kirche ist, ist es uns heute wie im ersten Jahrhundert gegeben, »einmütig im Gebet zu verharren ... mit Maria, der Mutter Jesu«[32].

Die Jungfrau Maria erleuchtet unsere Wege. In ihr ist eine Katholizität des Herzens: im Magnifikat steigt ihr Gesang auf, wagt sie für alle zu hoffen; in einer prophetischen Schau ahnt sie, daß durch das Kommen ihres Sohnes eine Quelle des Heils für alle Menschen zu fließen begonnen hat[33].

In Maria fallen Mütterlichkeit und Katholizität in eins. Verhält es sich mit der Kirche nicht genauso? Geht eine der beiden Wirklichkeiten verloren, verflüchtigt sich auch die andere

* * *

Bewohnt vom Heiligen Geist haben Christen zu allen Zeiten anderen das Vertrauen des Glaubens weitergegeben.

Und du, zählst du zu den Menschen, die die Wege des Auferstandenen bahnen[34]? Oder zögerst du vielleicht und sagst zu ihm: »Warum bittest du mich, anderen Wege des Evangeliums zu bereiten? Siehst du nicht, daß ich völlig hilflos bin, wie ein Kind?«

Man kann nicht genug sagen, was manche Kinder durch Gaben, die ihnen noch unbewußt sind, weiterschenken.[35] Es gibt Kinder, die durch Vertrauensbezeugungen, durch ein unerwartetes Wort andere zu Gott führen.

Du führst andere vor allem durch dein eigenes Leben zu Christus. Worte allein könnten sich mit einem Trugbild zufrieden geben.

Was soll eine Gesprächsrunde fruchten, die in leeres Gerede über

Gott, den Heiligen Geist, die Gemeinschaft mit Christus ausartet?

Du gibst das Leben des Auferstandenen durch tiefe Selbstlosigkeit weiter, dadurch, daß du dich selbst vergißt.

Wirst du, statt Strohfeuer zu entzünden, dir entschlossen ein Herz fassen und bis zum Ende treu sein?[36]

Jesus Christus, hätten wir einen Glauben, der selbst Berge versetzt, was wären wir ohne lebendige Liebe?

Du liebst uns.

Was wären wir ohne deinen Geist, der in unseren Herzen wohnt?

Du liebst uns.

Du nimmst alles auf dich und bahnst uns so einen Weg zum Glauben, zum Vertrauen auf Gott, der weder Leiden noch Elend des Menschen will.

Geist des auferstandenen Christus, Geist des Erbarmens, Geist des Lobpreises, deine Liebe zu jedem von uns wird niemals weichen[38].

Wer wird dir den Pfad ebnen, der zu den sprudendeln Quellen führt? Dort, und nirgendwo sonst, wachsen dir Kräfte zu, dich dem Wagnis zu stellen.

Du fragst dich: »Wie kann ich mich verwirklichen?« Du sehnst dich nicht nach einem risikolosen Leben unter Dach und Fach, sondern nach einer Erfüllung.

Halte dich nicht mit ausweglosen Situationen auf, du würdest dabei deine lebenswichtigen Kräfte verschleißen. Keine Selbstgenügsamkeit. Geh ohne Zögern weiter. Du wirst entdecken, was das Herz weit macht: der Mensch verwirklicht sich nur in der Gegenwart Gottes.

Du sagst dir: wie soll ich mich verwirklichen, wenn Bilder aus der Vergangenheit oder derzeitige Gegebenheiten die Quellen verschleiern und hartnäckiges Bedauern wecken?

Vergiß es nicht: Gott kümmert sich um alles, was dir Sorgen macht.

Und selbst wenn sich der Sinn des Lebens verflüchtigt, flackert ein Licht. Es erleuchtet deine Nacht. Seine Liebe ist Feuer...

...brennt sich in dir das Feuer seiner Vergebung ein, verglüht deine Verwirrung. Er ruft dich beim Namen.[39] Dieses Feuer verzehrt die Wurzeln der Bitterkeit. Niemals sagt dieses Feuer: Genug![40]

*
* *

Dich verwirklichen? Schreckst du vielleicht vor einer Entscheidung zurück, aus Furcht, den falschen Weg einzuschlagen?

Ruf nicht länger die eigene Dunkelheit herbei, deine Weigerung zu decken. Glücklich, wer sich die Hand von den Augen reißt und das Wagnis eingeht, allein vom Vertrauen des Glaubens getragen, seinen Weg zu gehn[41].

Dich verwirklichen? Werde, was du im Grund deines Herzens bist...

...und es öffnen sich die Tore zum Geist des Kindseins, zum Staunen einer Liebe.

Für dich tut sich eine Quelle der Freude auf. Keine Euphorie, nicht irgendeine Freude, sondern der helle Jubel, der geradewegs aus den Quellen der Ewigkeit kommt.

* * *

Wenn der Geist des Festes verflöge...

Wenn wir eines Morgens in funktionalen, hochtechnisierten Gesellschaften erwachten, in denen das innere Leben erloschen ist...

Wissenschaft und Technik sind unverzichtbar, um die Erde bewohnbar zu machen. Wenn wir darüber jedoch das Vertrauen des Glaubens, die Einsicht des Herzens vergäßen, die lebensnotwendig sind, um die Zukunft der Menschheitsfamilie aufzubauen...

Woraus könnten wir überströmendes inneres Leben schöpfen, wenn der Geist der Freude in der einzigartigen Gemeinschaft verschwände, die der Leib Christi, seine Kirche ist, und wenn die Mütterlichkeit der Kirche durch moralisierende Reden ersetzt würde?

Wenn wir das kindliche Vertrauen in die Eucharistie und auf das Wort Gottes verlieren würden...

Wenn das Gebet der Christen in

einer Sprache gähnender Langeweile vonstatten ginge, ohne überraschenden Eingebungen, der Poesie und der anbetungswürdigen Gegenwart des Auferstandenen Raum zu geben...

Auferstandener Jesus, du siehst, daß ich manchmal verloren, wie fremd auf der Erde bin. Aber in meiner Seele brennt ein Durst, er ist Erwartung deiner Gegenwart. Und mein Herz bleibt unruhig, bis es in dir, Christus, alles ablegt, was auf ihm lastete und es fern hielt von dir.

Wäre das Vertrauen des Herzens aller Dinge Anfang – wer könnte noch sagen: »Wozu bin ich überhaupt auf der Erde?«

Damit sich überall auf der Erde Vertrauen erhebt, in Ost und West, in Nord und Süd, braucht es dein Leben und das unzähliger anderer[42].

Wärst du inwendig von der Leidenschaft zu verzeihen gebrannt, bis in die Nacht der Völker würdest du den Funken einer Gemeinschaft schlagen.

Es bedarf nicht der Erfahrung eines ganzen Lebens, um zu beginnen.

Vergiß nicht, daß unter den härtesten Verhältnissen oft eine kleine, über die Erde verstreute Zahl von Frauen,

Männern, Jugendlichen und sogar Kindern in der Lage waren, den Lauf bestimmter geschichtlicher Entwicklungen umzukehren. In Gemeinschaft mit Christus Jesus lebten sie in betender Erwartung oder einem kontemplativen Leben und waren unsichtbarer Sauerteig der Versöhnung unter Glaubenden wie Nichtglaubenden.

Und heute gibt es Menschen, die alles haben, damit sich festgefahrene Verhältnisse verwandeln. Nachdem die Zeit des Mißtrauens oder gar hinterhältigen Argwohns abgelaufen ist, haben sie alles, um eine Epoche des Vertrauens und der Versöhnung einzuleiten.

In ihrem Bemühen, die Risse zu heilen, richten sie unter den Menschen Zeichen des Unerhofften auf.

Man kann sie erkennen. Sie haben sich in Stunden unbegreiflicher Anfechtungen aufgebaut. Sie halten allem stand, jeglichen Lähmungserscheinungen entgegen.

Durch ihre Lebenshingabe bezeugen sie, daß der Mensch nicht erschaffen wurde, um zu verzweifeln.

Es gibt für sie Mauern niederzureißen, aber vor allem gibt es für sie eine »einzigartige Quelle«, aus der man immer wieder neu treibende Kraft schöpfen kann.

*
* *

Wie kann man die »einzigartige Quelle« entdecken, wo sich das Evangelium in seiner ersten Frische zeigt?

Vielleicht hast du es schon bemerkt: zutiefst im Menschen ruht die Erwartung einer Gegenwart.

Denk daran: diese einfache Sehnsucht nach Gott ist bereits der Anfang des Glaubens.

Und läßt sich Jesus Christus in der Schönheit eines weitgefaßten gemeinsamen Gebets wahrnehmen, stellt sich heftiges Verlangen ein, etwas zu begreifen.

Zu Beginn kommt es nicht auf umfangreiche Kenntnisse an. Sie sind von großem Wert. Das Geheimnis des Glaubens erschließt sich dir jedoch zunächst auf dem Weg der Intuition. Die Kenntnisse werden sich einstellen. Man bekommt nicht alles auf einmal.

* * *

Wäre Jesus nicht auf die Erde gekommen, könnte dir Gott immer noch weit entfernt, ja unerreichbar erscheinen. Christus, der Auferstandene, bringt ihn in die Reichweite unseres Lebens.[12]

Erinnerst du dich für immer an jene überwältigende Wirklichkeit des Evangeliums: »Nicht wir haben Gott, sondern er hat uns zuerst geliebt.«[3] Hier ist ein Licht für dein Leben.

So unwahrscheinlich es sein mag: wenn du dich ihm überläßt, brauchst du dich nicht zu beunruhigen, falls du ihn nicht sofort zu lieben vermagst.

*
* *

Jesus versichert dir im Evangelium, daß du nichts erreichst, wenn du dir Sorgen machst[44]. Es liegt an dir, in deine Grenzen, deine Zerbrechlichkeit einzuwilligen.

Warum solltest du dich mit dem aufhalten, was dir bei dir selbst und an den anderen weh tut?

Du kennst das Wort eines der ersten Zeugen Christi: »Wenn das Herz uns auch verurteilt – Gott ist größer als unser Herz«[45].

Jesus lädt dich nicht zum Rückzug auf dich selbst, sondern zur schlichten Umkehr des Herzens ein. Was ist Umkehr? Sie ist ein Vertrauensschritt, mit dem du deine Fehler auf ihn wirfst. Und schon bist du entlastet, ja befreit und kannst ohne Umschweife im gegenwärtigen Augenblick leben, niemals entmutigt, weil dir stets verziehen ist.

Vielleicht sagst du: »Das ist nicht möglich«.

Christus schenkt dir sein Erbarmen überdies im Sakrament der Versöhnung. Und du begreifst, daß dein Leben selbst in leidvollen Prüfungen stets aus den Fäden seines Verzeihens gewoben wird.

* * *

Der auferstandene Christus ist dir nahe. »Sein Reich ist in uns«[46]. Eine Art innere Stimme hebt an in dir, und diese Stimme ist Gebet. Mag auch dein Mund verschlossen bleiben, dein Herz lauscht still, weit geöffnet vor Gott.

Wenn du mit Worten betest, sind diese manchmal arm und unbeholfen. Du sagst ihm deine Freuden, deine Enttäuschungen, alles. Im einsamen Gebet zählt die Sprache wenig, sie verstört niemand, schmerzt keinem in den Ohren.

Und Christus wendet sich auch durch Ereignisse an dich. Er schenkt eine Eingebung, die in dir aufsteigt und dich beschäftigt. Behältst du auch nur ein einziges Wort: dieses eine Wort kann dir einen Weg auftun.

Und in dir das Gebet:

»Retter allen Lebens, die Tage vergingen und ich antwortete dir nicht. Ich fragte mich sogar: brauche ich Gott eigentlich? Mauern aus Zögern und Zweifel hatten sich aufgerichtet und mich weit von dir abschweifen lassen.

Jesus Christus, geheimnisvolle Gegenwart, du hast auf mich gewartet. In der Tiefe meiner Widersprüche, ja inneren Auflehnung habe ich zu dieser Klarheit des Evangeliums zurückgefunden: deine Liebe ist kein leeres Wort, sie ist beständige Gegenwart, sie ist dein Vertrauen, dein Verzeihen.

Durch den Heiligen Geist lebtest du in mir, Auferstandener, und hattest mich nie verlassen.«[47]

* * *

Wenn Christus dich fragt: »Wer bin ich für dich?«, wirst du ihm antworten:

»Jesus Christus, du bist es, der mich liebt bis in das Leben, das ohne Ende ist.

Du öffnest mir den Weg zum Wagnis. Du willst nicht nur ein paar Brocken von mir, sondern mein ganzes Leben.

Du bist es, der Tag und Nacht in mir betet. Mein Stammeln ist Gebet: wenn ich nur deinen Namen anrufe, erfüllt sich unsere Gemeinschaft.

Du bist es, der mir jeden Morgen den Ring des Verlorenen, den Ring des Festes an den Finger steckt[50].

Und ich, habe ich »die Herrlichkeit Gottes gegen Lauheit vertauscht«, habe ich »die Quelle lebendigen Wassers verlassen und mir rissige Zisternen gegraben, die das Wasser nicht halten«?[51]

Du, Christus, hast mich unablässig gesucht.

Warum habe ich gezögert und mir Zeit erbeten, damit ich mich um meine Angelegenheiten kümmern kann? Warum habe ich zurückgeschaut, nachdem ich die Hand an den Pflug gelegt hatte[5]?

Und dennoch, ohne dich gesehen zu haben, liebte ich dich, vielleicht nicht so, wie ich gern gewollt hätte, aber ich liebte dich[52].

Jesus Christus, du hast mir wiederholt gesagt: Lebe das wenige, das du vom Evangelium begriffen hast, verkünde mein Leben unter den Menschen, komm und folge mir nach[53].

Und eines Tages kam ich zur Quelle zurück und begriff es: Du wolltest meinen unwiderruflichen Entschluß.«

Die Kleine Quelle von Taizé

Die Kleine Quelle enthält das Wesentliche,
das für das gemeinsame Leben
der Communauté von Taizé nötig ist.

Du willst um Christi und des Evangeliums willen dein Leben hingeben[1] – denk daran, daß du sogar in deiner eigenen Nacht mit ihm auf das Licht zugehst.

Verzichte also darauf zurückzuschauen und laufe in den Spuren Jesu Christi. Er führt dich auf einen Weg des Lichts: Ich bin, aber auch: Ihr seid das Licht der Welt[3].

Du möchtest vielen anderen die Wege des Herrn Jesus Christus bereiten[4], selbst noch in den Nächten der Menschheit ein Feuer entzünden[5].

Du weißt, Christus ist für alle[6], nicht nur für einige gekommen; er hat sich an jeden Menschen gebunden, ohne Ausnahme. Eine solche Katholizität des Herzens hat Gott in dich gelegt.

Läßt du ein inwendiges Leben in dir wachsen, das weder Anfang noch Ende kennt? Dort gelangst du an die Tore der österlichen Freude, und in ihr wurzelt die Solidarität mit den Menschen.

*
* *

Die Erde bewohnbar machen für alle Menschen in nah und fern: eine der wesentlichen Seiten des Evangeliums, die mit deinem Leben geschrieben sein will.

Selbstvergessenheit, Selbstlosigkeit lassen dich mitten in den augenblicklichen Verhältnissen der Menschheitsfamilie mit ihren ständigen Schwankungen standhalten. Suchst du zu verstehen, ohne dich von jeder neuen Welle forttragen zu lassen?

Mit ganz geringen Mitteln zählst du zu den Menschen, die durch ihr Teilen frohmachende menschliche Hoffnung entfachen.

Mit fast nichts stiftest du Versöhnung im Geheimnis der Gemeinschaft, das die Kirche ist.

Der gemeinsame Einsatz spornt dich an – freu dich, du bist nicht mehr allein, in allem gehst du den Weg mit deinen Brüdern. Mit ihnen bist du berufen, ein Gleichnis der Gemeinschaft zu verwirklichen.

Auch wenn du keinen fühlbaren Widerhall spüren solltest, die geheimnisvolle Gegenwart Christi weicht nie von dir. Es mag dir vorkommen, als regten sich Zweifel – in dir ist jedoch vor allem das Wunder seiner steten Gegenwart.

Manchmal überraschst du dich dabei, ihn zu fragen: Was erwartest du von mir?

Und du sagst zum Auferstandenen: Höre, höre mein Kindergebet, gib, daß ich in jedem Augenblick dir alles anvertraue.

* * *

Gott könnte ohne unser Gebet auskommen. Es ist ein Geheimnis, daß er so großen Wert darauf legt.

Er versteht alle Sprachen der Menschen. Dich still in seiner Nähe halten, heißt schon beten: deine Lippen bleiben geschlossen, aber dein Herz spricht zu ihm. Durch den Heiligen Geist betet Christus in dir, mehr als du denkst[7].

Im gemeinsamen Gebet läßt der Geist des Lobpreises den einen oder anderen Widerschein des Unsichtbaren erkennen. Dort empfängst du unvermittelt einen Sinn. Und es erfüllt dich das Staunen einer Liebe.

Beunruhige dich nicht, wenn du beim gemeinsamen Gebet manchmal unaufmerksam bist. Die einfache Anwesenheit belegt bereits deine Erwartung des lebendigen Gottes; sie ist Vorspiel der Kontemplation.

*
* *

Laß in deinem Tag Arbeit und Ruhe vom Wort Gottes ihr Leben empfangen.

Erinnere dich an das uralte Gebet »Der Herr sei gepriesen, und ich werde vor meinem Feind gerettet«[8] und wage dem Versucher zu sagen: »Nicht eine Sekunde meines Lebens habe ich dir zu geben!«

Christus schenkt sich in der Eucharistie. Sie ist anbetungswürdige Gegenwart und für dich da, der du arm und hilflos bist.

Wäre das Vertrauen des Herzens aller Dinge Anfang...
Das Vertrauen auf Gott, der Glaube, ist etwas ganz Einfaches, so einfach, daß alle es annehmen können. Es ist wie ein Anlauf, den man tausendmal nimmt.

Denk daran, ein für allemal: niemals setzt Gott seinen Willen mit Drohgebärden durch. Niemals will Christus, daß sich irgendein Mensch quält. Sollte dir das Leben aus Gott ein Leben in Angst vor ihm bedeuten, so prüfe dich.

Gott ist nichts als Liebe[9]. Der Wille seiner Liebe ist nicht wie ein Gesetz, das mit harter Hand in Steintafeln gemeißelt wurde. Durch den Heiligen Geist ist es zutiefst in das Herz des Menschen eingeschrieben.[10]

Eines Tages hast du begriffen, daß ohne dein Wissen schon ein Ja in die Tiefe deines Wesens eingegraben wurde. Und du hast den Weg in der Nachfolge Christi gewählt, eine Entscheidung, die kein Mensch für einen anderen treffen kann.

Schweigend in der Gegenwart Christi hast du sein Wort verstanden: »Komm und folge mir nach[11], ich schenke dir, wo dein Herz ausruhen kann.«

Und du empfängst die Kühnheit zu einem Ja bis zum letzten Atemzug. Ein solches Ja gefährdet dich, es kann nicht anders sein.

* * *

Christus könnte zu dir sagen:

»Ich habe alles durchgemacht. Ich habe die Güte und den Großmut des menschlichen Herzens erfahren. Ich bin mehr als einmal dem Versucher begegnet. Ich habe auch erlebt, was es heißt, von den Seinen verlassen zu werden. Manche von ihnen haben mich erst begleitet und dann im Stich gelassen.

Den einen oder anderen unter ihnen fragte ich: ...willst auch du weggehen?[12] Du glaubst fast nichts zu haben, um mir mit einem Ja fürs ganze Leben zu antworten. Ich kenne deine Anfechtungen und deine Armut, und doch bist du reich beschenkt.[13]«

* * *

Das Ja hält wach. Das Unfertige, ja das Stück menschlichen Irrtums, das es anfangs enthalten mochte, verzehren sich im Feuer seiner Liebe.

Es brenne die Flamme, die nie erlischt. Und das Ja fängt inwendig Feuer.

Das Ja zur Ehelosigkeit vollzieht sich in der Hingabe des eigenen Lebens ... und Unzulänglichkeiten werden überwunden.

Das Herz, die Empfindungen der Liebe, die einsamen Augenblicke sind da, aber ein Anderer als man selbst verklärt sie.

Und deine Seele kann ihm singen: Christus gehöre ich, aus Christus bin ich.

*
* *

Als Diener der Gemeinschaft setzt sich der Prior dafür ein, daß seine Brüder darauf bedacht sind, alle zusammen ein Gleichnis der Gemeinschaft zu verwirklichen.

Er soll nicht meinen, über seinen Brüdern zu stehen, sondern in Gott den Willen seiner Liebe zu erfassen suchen, wenn er – ohne an eine Mehrheit gebunden zu sein – die Grundentscheidungen der Gemeinschaft fällt.

Wenn er in einer wichtigen Frage einen Mangel an Übereinstimmung feststellt, trifft er eine vorläufige Entscheidung, auf die er später wieder zurückkommen kann.

Unterscheidungsvermögen, der Geist der Barmherzigkeit und eine unerschöpfliche Herzensgüte sind Gaben, die für ihn unersetzlich sind.

Er bestimmt einen Bruder, der nach ihm den Fortgang sichern soll.

*
* *

Beim Bruderrat machen wir uns zusammen als Arme Christi in innerer Stille dafür bereit, in unserer gemeinsamen Berufung eine Frische des Evangeliums zu entdecken.

»Die Geistesgaben, nach denen wir streben, möchten wir in Fülle für den Aufbau der Gemeinschaft empfangen.«[14]

Nichts lähmt mehr als ein autoritäres »Wir müssen«. Wortgefechte um alles oder nichts erbauen kein gemeinsames Leben.

Wie können Menschen auf dem Weg zu Christus inneren Schwung behalten, wenn sie in den Treibsand von Ausflüchten geraten?

* * *

Jede Mahlzeit kann eine Gelegenheit sein, brüderliche Gemeinschaft zu verwirklichen.

Zeiten der Stille bei Tisch schaffen Frieden im Herzen.

Die Einfachheit der Speisen erinnert uns daran, daß wir uns entschieden haben, mit den Menschen zu teilen, die am meisten darben.[15]

*
* *

Um die Berufung in allen ihren Konsequenzen zu begreifen, bedürfen die neuen Brüder einer Reifezeit.

Brüder sind damit beauftragt, ihnen zuzuhören und sie auf das lebenslange Ja vorzubereiten.

*
* *

Die ausgesandten Brüder sind aufgerufen, Zeichen Christi, Träger der Freude zu sein.

Wo sie leben, macht die eucharistische Gegenwart aus der ärmsten Behausung einen bewohnten Ort.

Ist dir, wenn du die Lebensumstände der Armen teilst, ausreichend bewußt, daß Gott durch deine schlichte Anwesenheit etwas von den leidvollen Prüfungen der Menschheitsfamilie verklärt?

Du trägst, wo du auch sein magst, ein und denselben Ruf in dir. Achte von dir aus stets darauf, durch dein Leben die Berufung unserer ganzen Communauté widerzuspiegeln.

* * *

Finden die, die wir Tag für Tag empfangen, in uns Menschen, die Christus ausstrahlen, der unser Friede ist?

Da wir berufen sind, vielen Aufnahme zu gewähren, ist es unerläßlich, daß dies im Geist der Unterscheidung geschieht. Jede plumpe Vertraulichkeit würde den Sinn unserer Berufung verschleiern.

Bestimmte, mit Unterscheidungsvermögen begabte Brüder sind beauftragt, allen zuzuhören, die sich anvertrauen möchten. Ihnen zuhören – nicht so sehr um Ratschläge zu erteilen, sondern um in ihnen die Wege des Herrn Jesus Christus zu bereiten[16]: kennen sie zur Genüge all ihre inneren Energien und Fähigkeiten, alle Gaben, die in sie gelegt worden sind?

*
* *

Dein Leben verwurzelt sich in einer Gemeinschaft, die ihrerseits in die Kirche eingegliedert ist. Deshalb kannst du beten:

Jesus, meine Freude, meine Hoffnung, mein Leben, schau nicht auf meine Sünden, sondern auf den Glauben, das Vertrauen, deiner Kirche.

Gib, daß ich mich in der Folge der Zeugen aller Zeiten, seit Maria und den Aposteln bis zu den Glaubenden von heute, in einem inneren Leben bereitmache, dem Geheimnis des Glaubens Vertrauen zu schenken[17].

Der Frieden in deinem Herzen macht den Menschen, die dir nahe sind, das Leben schön.

Sich in quälender Sorge aufzureiben, war nie ein Weg des Evangeliums. Den Glauben auf qualvoller Unruhe errichten, hieße sein Haus auf Sand bauen.[18]

Hörst du jeden Tag das Wort Jesu Christi: »Meinen Frieden hinterlasse ich euch, meinen Frieden gebe ich euch, euer Herz beunruhige sich nicht und verzage nicht«[19]?

Der Frieden tief im Innern läßt dich den Weg neu aufnehmen, wenn Fehlschläge oder entmutigende Erfahrungen auf deinen Schultern lasten.

Staunen kommt auf, ein Hauch von Poesie, Lebenseinfachheit und – für den, der es fassen kann – eine mystische Sicht des Menschen.

*
* *

Für dich dieses Gebet des Evangeliums:

Segne uns, Christus, uns und alle, die du uns anvertraut hast. Bewahre uns im Geist der Seligpreisungen[20]*:*

Freude,
Einfachheit,
Barmherzigkeit.

Der Frieden im Herzen ist ein Tragbalken des inneren Lebens, er stärkt für einen Aufstieg zur Freude.

Frieden und Freude sind Perlen des Evangeliums, sie schütten Abgründe von Angst zu.

Heißt du jeden neuen Tag als ein Heute Gottes willkommen? Kannst du jeder Jahreszeit Aufbrüche voll Poesie abgewinnen, an lichtdurchfluteten Tagen wie in eisigen Winternächten? Wirst du dein schlichtes Zimmer durch Zeichen aufhellen, die einem das Herz aufgehen lassen?

Die Gegenwart des Auferstandenen führt zu unerwartetem Glück, sie zerreißt deine Nächte. »Die Finsternis ist nicht finster für dich, die Nacht leuchtet wie der Tag.«[21]

* * *

Zur Freiheit bist du gerufen. Deine Vergangenheit ist ins Herz Christi versenkt, und deiner Zukunft hat Gott sich schon angenommen.

Fürchte dich nicht vor dem Leiden. In der Tiefe des Abgrunds kann es geschehen, daß die Freude sich in der Gemeinschaft mit Jesus Christus vollendet.

Wage es, dich über alles zu freuen, was Gott in dir und um dich vollbringt. Und alles, wofür du bei dir und bei den anderen schwarzsahst und was dir den Seelenfrieden raubte, löst sich auf.

Würdest du die Gaben des Heiligen Geistes[22] in dir vergessen, würdest du sogar dein Selbstwertgefühl einbüßen, welch bodenloser Taumel... Die Leere zieht an, fasziniert.

Die Freude bewundert und staunt. Sie braucht dein ganzes Wesen, wenn sie strahlend hervorbrechen soll. Sie liegt in der Lauterkeit stiller Liebe.

Wenn das Samenkorn nicht stirbt...[23]

Die Osterfreude heilt die verborgene Wunde der Seele. Sie macht nicht hochmütig im Herzen. Sie kommt ohne Lobreden aus. Sie geht geradewegs zu den Pforten des Lichts.

Geist des auferstandenen Christus, geheimnisvolle Gegenwart, laß uns so tief aus dem Vertrauen leben, daß die Quellen hellen Jubels nie versiegen.

Verkauf deinen Besitz, gib ihn den Armen, dann komm und folge mir nach.«[24] Diese Aufforderung Jesu Christi gehört zu den erstaunlichsten im Evangelium.

Unsere Berufung als Gemeinschaft hält uns an, einzig von unserer Arbeit zu leben und weder Spenden noch Erbschaften noch Geschenke, nicht das Geringste anzunehmen.

Die Kühnheit, sich ohne Furcht vor möglicher Armut keinerlei Kapital zu sichern, verleiht eine unberechenbare Stärke.

Der Geist der Armut besteht nicht darin, sich armselig zu geben, sondern vielmehr alles mit Phantasie so zu gestalten, wie es der schlichten Schönheit der Schöpfung entspricht.

Glücklich, wer die Einfachheit liebt, das Reich Gottes ist in ihm[25].

Die stete Vereinfachung deiner Lebensweise führt dich weitab von den gewundenen Wegen, auf denen sich unsere Schritte verlieren.

Einfachheit, die brennender Nächstenliebe entbehrt: Schatten ohne Licht. Würde ein karger Lebensstil zum Sammelbecken für Bitterkeit und Vorwand für Verurteilungen – wo bliebe die unbeschwerte Freude am Heute?

*
* *

Lichtdurchflutete Schneise auf deinem Weg: wenn in dir die regen Kräfte des Alters auf den Geist des Kindseins treffen, nähert sich deine Seele ungetrübter Freude.

Schöpfer Geist, du kleidest die Lilien auf dem Feld[26]*, gib, daß wir uns an den Gaben erfreuen, mit denen du uns erfüllst, und das sei uns genug.*

Würdest du die Barmherzigkeit, die Gabe von Herzen mitzuleiden, verlieren, hättest du alles verloren.

Läßt du dich von der Liebe in ihrer Unbedingtheit leiten: bis zu siebenundsiebzigmal siebenmal, das heißt immer, verzeihen?

Erleichert wirst du von Entdeckung zu Entdeckung gehen.

Wer selbstvergessen liebt, findet sein Leben von unbeschwerter Schönheit erfüllt. Jede Freundschaft setzt einen inneren Kampf voraus. Und manchmal bringt das Kreuz Licht in die unergründliche Tiefe der Liebe.

Läßt du dich von wohlwollender Güte überwältigen, statt dich durchsetzen zu wollen, indem du anderen um dich herum ein schlechtes Gewissen machst, oder aber in Ironie abzugleiten?

Erkenne in der Lauterkeit solcher Liebe ohne weiteres deine Fehltritte an und halte dich nicht damit auf, den Splitter im Auge deines Bruders zu sehen[28].

Glücklich die Gemeinschaft, die zu einem Abgrund an Güte wird; sie läßt Christus in unvergleichlicher Weise durchscheinen.

*
* *

Christus, Liebe aller Liebe, hat sich dir eingebrannt. Und wenn die Liebe Verzeihen ist, lebt dein hart mitgenommenes Herz von neuem auf.

Die Betrachtung seiner Vergebung wird zu einem Strahl der Güte in einem ganz einfachen Herzen. Und die Heiligkeit Christi ist nicht länger ein unerreichbares Gut.

Einer ist mitten unter uns, den wir so wenig kennen[29] ... und ein Lebenshauch kommt auf, der nie verweht ... und dieses wenige genügt uns.

Hab keine Angst, nahe ist das Vertrauen, mit ihm ein Glück.

Jesus Christus, inneres Licht, gib, daß ich deine Gegenwart empfange, damit ich die Freude erfahre.

Ich liebe dich, vielleicht nicht so, wie ich möchte, aber ich liebe dich...

Liebe aller Liebe, du weißt: für dich und dein Evangelium gäbe ich selbst mein Leben hin.

Das Lebensengagement

Die folgenden Worte werden am Tag gesprochen,
an dem sich ein Bruder für das ganze Leben
in der Communauté von Taizé engagiert.

Bruder, wonach verlangst du?

Nach der Barmherzigkeit Gottes und der Gemeinschaft meiner Brüder.

Gott vollende in dir, was er begonnen.

Bruder, der du dich der Barmherzigkeit Gottes anvertraust, denke daran, daß Jesus Christus deinem schwachen Glauben zu Hilfe kommt und, indem er sich mit dir engagiert, für dich die Verheißung erfüllt:

Amen, ich sage euch: jeder, der Haus oder Brüder, Schwestern, Vater, Mutter, Frau oder Kinder um meinetwillen und um des Evangeliums willen verlassen hat, wird das Hundertfache dafür empfangen: jetzt, in dieser Zeit, wird er Häuser, Brüder, Schwestern, Mütter und Kinder erhalten, wenn auch unter Verfolgungen, und in der kommenden Welt das ewige Leben[1].

Dies ist ein Weg entgegen aller menschlichen Vernunft, aber wie Abraham kannst du nur als Glaubender, nicht als Schauender vorankommen[2], allezeit gewiß, daß, wer sein Leben um Christi willen verliert, es wiederfinden wird[3].

Ziehe von nun an auf den Spuren Christi. Sorge dich nicht um morgen[4]. Suche zuerst das Reich Gottes und seine Gerechtigkeit[5]. Gib dich ganz hin, verschenke dich, und in reichem, vollem, gehäuftem, überfließendem Maß wird man dich beschenken; denn nach dem Maß, mit dem du zuteilst, wird auch dir zugemessen werden[6].

Ob du wachst oder schläfst, bei Tag und bei Nacht, keimt und wächst der Samen und du weißt nicht, wie[7].

Hüte dich, deine Frömmigkeit vor den Menschen zur Schau zu stellen, um dafür bewundert zu werden[8]. Dein inneres Leben soll dir kein trauriges Aussehen geben, wie bei einem Heuchler, der eine niedergeschlagene Miene aufsetzt, um von den Menschen gesehen zu werden. Salbe dein Haupt, wasche dein Gesicht, damit nur dein Vater, der im Verborgenen ist, die Absicht deines Herzens erkennt[9].

Erhalte dich in der Einfachheit und in der Freude, der Freude der Barmherzigen, der Freude brüderlicher Liebe.

Sei wachsam. Mußt du einen Bruder zurechtweisen, geschehe es zwischen dir und ihm allein[10].

Bemühe dich um menschliche Gemeinschaft mit deinem Nächsten.

Öffne dich voll Vertrauen. Du sollst wissen, daß ein Bruder beauftragt ist, dir zuzuhören. Verstehe ihn, damit er seinen Dienst mit Freude versieht[11].

Der Herr Jesus Christus hat dich in seinem Erbarmen und in seiner Liebe zu dir dazu berufen, in der Kirche ein Zeichen brüderlicher Liebe zu sein. Er will, daß du mit deinen Brüdern das Gleichnis des gemeinsamen Lebens verwirklichst.

Gib es fortan auf zurückzuschauen[12] und, freudig aus unendlicher Dankbarkeit, scheue dich nie, der Morgenröte vorauszueilen[13],

um zu loben
und zu preisen
und zu rühmen
Christus, deinen Herrn.

Nimm mich an, Herr, und ich werde leben, und gib, daß ich voll Freude dich erwarte.

Bruder, Christus ist es, dem du jetzt auf den Ruf antwortest, den er an dich richtet.

Willst du aus Liebe zu Christus dich ihm hingeben mit allem, was du bist?

Ich will es.

Willst du von nun an den Dienst für Gott in unserer Communauté tun, in Gemeinschaft mit deinen Brüdern?

Ich will es.

Willst du unter Verzicht auf alles Eigentum mit deinen Brüdern zusammenleben, nicht nur in materieller, sondern auch in geistlicher Gütergemeinschaft, indem du dich um die Offenheit des Herzens bemühst?

Ich will es.

Willst du, um besser verfügbar zu sein für den Dienst mit deinen Brüdern und um dich ungeteilt der Liebe Christi zu schenken, im Zölibat bleiben?

Ich will es.

Willst du, damit wir ein Herz und eine Seele sind und unsere Einheit im Dienst sich voll verwirklicht, die Entscheidungen der Communauté übernehmen, die durch den Prior zum Ausdruck gebracht werden, und dabei daran denken, daß er in der Communauté lediglich ein armer Diener ist?

Ich will es.

Willst du stets Christus in deinen Brüdern erkennen und so über sie wachen an guten und schlechten Tagen, im Leiden und in der Freude?

Ich will es.

Daraufhin bist du um Christi und des Evangeliums willen von jetzt an Bruder unserer Communauté.

Dieser Ring sei das Zeichen unserer Treue im Herrn.

Frère Roger
nach einem Wort von Augustinus
Weise: Johann Sebastian Bach

Worte von Johannes Paul II. in Taizé

Papst Johannes Paul II. besuchte die Communauté am 5. Oktober 1986. Während des gemeinsamen Gebets erläuterte er den in Taizé versammelten Jugendlichen den Sinn seines Besuchs:

Man kommt nach Taizé wie an den Rand einer Quelle. Der Reisende hält ein, löscht seinen Durst und setzt den Weg fort. Ihr wißt, daß die Brüder der Communauté euch nicht zurückhalten wollen. In der Stille und im Gebet möchten sie es euch ermöglichen, vom lebendigen Wasser zu trinken, das Christus verheißen hat, seine Freude zu erfahren, seine Gegenwart zu erkennen, auf seinen Ruf zu antworten, und dann wieder abzufahren, um in euren Kirchengemeinden, euren Städten und Dörfern, an euren Schulen, euren Universitäten und allen euren Arbeitsplätzen seine Liebe zu bezeugen und euren Brüdern zu dienen.

In allen Kirchen und kirchlichen Gemeinschaften, und bis hinauf zu den höchsten politischen Verantwortlichen der Welt, ist die Communauté für das stets hoffnungserfüllte

Vertrauen bekannt, das sie in die Jugendlichen setzt. Ich bin heute morgen vor allem deswegen hier, weil ich dieses Vertrauen und diese Hoffnung teile.

Nach dem gemeinsamen Gebet kam Johannes Paul II. mit der Communauté zusammen:

Liebe Brüder, in der familiären Vertrautheit dieses kurzen Zusammenseins möchte ich euch meine herzliche Verbundenheit und mein Vertrauen mit den einfachen Worten sagen, mit denen Papst Johannes XXIII., der euch überaus liebte, einmal Frère Roger begrüßte: „Oh, Taizé, dieser kleine Frühling!".

Es ist mein Wunsch, daß der Herr euch als einen anbrechenden Frühling, daß er euch klein, daß er euch in der evangelischen Freude und der Lauterkeit der brüderlichen Liebe bewahre. Jeder von euch ist hierhergekommen, um in der Barmherzigkeit Gottes und der Gemeinschaft seiner Brüder zu leben. Indem ihr euch Christus geweiht habt, mit allem, was ihr seid, und aus Liebe zu ihm, habt ihr das eine wie das andere gefunden. Doch außerdem habt ihr, ohne darauf aus gewesen zu sein, zu Tausenden Jugendliche von überall her zu euch kommen sehen, die durch euer Gebet und euer gemeinschaftliches Leben angezogen wurden. Wie sollte man nicht daran denken, daß diese Jugendlichen das Geschenk und das Mittel sind, das der Herr euch gibt, um euch anzuspornen, in der Freude und der Frische eurer Gabe zusammenzubleiben, als ein Frühling für alle, die das wahre Leben suchen! In eurem Tag empfangen Arbeit, Ruhe, Gebet, empfängt alles sein Leben durch das Wort Gottes, das sich eurer bemächtigt, das euch klein hält, d.h. als Kinder des himmlischen Vaters bewahrt, als Brüder und Diener aller in der Freude der Seligpreisungen.

Ich vergesse es nicht: in ihrer einzigartigen, eigentümlichen und in gewissem Sinn sogar vorläufigen Berufung kann eure Communauté Erstaunen hervorrufen und auf Unverständnis und Argwohn stossen. Doch wegen eurer Leidenschaft für die Versöhnung aller Christen in einer vollen Gemeinschaft, wegen eurer Liebe zur Kirche werdet ihr – da bin ich ganz sicher – Wege finden, auch weiterhin für den Willen des Herrn verfügbar zu sein.

Hört ihr auf die Kritik oder die Vorschläge von Christen verschiedener Kirchen und christlichen Gemeinschaften, um dann das Gute zu behalten, setzt ihr den Dialog mit allen fort, ohne jedoch zu zögern, eure Erwartung und eure Vorhaben zum Ausdruck zu bringen, so werdet ihr die Jugendlichen nicht enttäuschen und dazu beitragen, daß das von Christus gewollte Bemühen mit dem Ziel, die sichtbare Einheit in der vollen Gemeinschaft ein und desselben Glaubens wiederzufinden, nicht erlahmt. ihr wißt, wie sehr ich meinerseits die Ökumene als eine mir obliegende Notwendigkeit betrachte, als eine pastorale Priorität meines Dienstamtes, für das ich auf euer Gebet zähle.

Ihr wollt selbst ein „Gleichnis der Gemeinschaft" sein und helft damit allen, denen ihr begegnet, ihrer kirchlichen Zugehörigkeit, die Frucht ihrer Erziehung und ihrer Gewissensentscheidung ist, treu zu sein, jedoch auch, sich immer tiefer auf das Geheimnis der Gemeinschaft einzulassen, das die Kirche im Plan Gottes ist.

Durch die Gabe, die er seiner Kirche schenkt, legt Christus nämlich in jedem Christen die Kräfte der Liebe frei und gibt ihm das universale Herz eines Trägers der Versöhnung und Friedensstifters, der dazu fähig ist, einen evangelischen Kampf für die ganzheitliche Befreiung des Menschen, jedes Menschen und des ganzen Menschen, mit der Kontemplation zu vereinen.

Liebe Brüder, ich danke euch, daß ihr mich eingeladen und mir so Gelegenheit gegeben habt, wieder nach Taizé zu kommen. Der Herr segne euch und behüte euch in seinem Frieden und seiner Liebe!

Anmerkungen

1. Johannes 1,26
2. Lukas 17,5-6
3. 1 Johannes 4,10.19
4. Markus 9,24
5. Lukas 9,62
6. Markus 1,15
7. Matthäus 11,29
8. Matthäus 14,27
9. Johannes 1,4-5
10. Jesaja 43,4
11. Johannes 15,13
12. Johannes 1,18
13. Epheser 3,18-19
14. Römer 8,27
15. Matthäus 5,17
16. Römer 8,26
17. 2 Petrus 1,19
18. Lukas 24,32
19. Jesaja 35,1-2
20. Matthäus 25,40
21. Jesaja 9,1 und Lukas 1,79
22. 1 Könige 19,9-13
23. Lukas 21,1-4
24. Matthäus 5,11-12
25. Matthäus 18,21-22
26. Lukas 23,34
27. 1 Korinther 13,2
28. Matthäus 5,23-24
29. 1 Petrus 2,22-25
30. Lukas 6,27-28
31. Lukas 6,32-34
32. Apostelgeschichte 1,14
33. Lukas 1,46-55
34. Matthäus 3,3
35. vgl. Lukas 9,46-48
36. vgl. Offenbarung 2,9-10 und Jesus Sirach 2,2
37. Ezechiel 36,27
38. Jesaja 54,10
39. Johannes 10,3
40. Sprichwörter 30,16
41. Hebräer 11,8
42. Hebräer 12,1
43. vgl. Römer 4,18
44. Lukas 12,25-26
45. 1 Johannes 3,20
46. Lukas 17,21
47. vgl. Galater 2,20
48. Matthäus 16,15
49. vgl. Markus 4,27
50. Lukas 15,22-24
51. Jeremia 2,13
52. 1 Petrus 1,8
53. Johannes 21,22

Die Kleine Quelle von Taizé

1. Markus 10,29 und Matthäus 16,25
2. Lukas 9,62
3. Johannes 8,12 und Matthäus 5,14
4. Markus 1,3
5. Lukas 12,49
6. Titus 2,11
7. Römer 8,26
8. Psalm 18,4
9. 1 Johannes 4,16
10. Jeremia 31,33 und 2 Korinther 3,3
11. Markus 10,21
12. Johannes 6.67
13. Offenbarung 2,9
14. 1 Korinther 14,12
15. vgl. Mt 25,34-40
16. Johannes 1,23
17. vgl. 1 Tim 3,9.15-16
18. Matthäus 7,26-27
19. Johannes 14,27
20. vgl. Matthäus 5,3-12
21. Psalm 139,12
22. 2 Timotheus 1,6-7
23. Johannes 12,24
24. Matthäus 19,21
25. Matthäus 5,3
26. Matthäus 6,28-29
27. Matthäus 18,21-22
28. Matthäus 7,3-5
29. Johannes 1,26

Das Lebensengagement

1. Markus 10,29-30 und Lukas 18,29-30
2. 2 Korinther 5,7
3. Matthäus 16,25
4. Matthäus 6,34
5. Matthäus 6,33
6. Lukas 6,38
7. Markus 4,27
8. Matthäus 6,1
9. Matthäus 6,16-18
10. Matthäus 18,15
11. Hebräer 13,17
12. Philipper 3,13
13. Psalm 119,147

Taizé
von den Anfängen bis heute

Mit der Gründung der Communauté von Taizé wollte Frère Roger Wege bahnen, die Zerrissenheit unter den Christen und die Konflikte in der Menschheit zu überwinden. Heute kommen Hunderttausende von Jugendlichen aller Kontinente in Taizé zusammen, um zu beten und sich darauf vorzubereiten, Friedensstifter und Menschen der Versöhnung und des Vertrauens zu sein.

DIE URSPRÜNGE

Fragt man den Gründer von Taizé, wer seine frühen Lebensentscheidungen beeinflußt hat, kommt er oft auf seine Großmutter zu sprechen. Während des ersten Weltkriegs lebte sie als Witwe im Norden Frankreichs. Ihre drei Söhne standen an der Front. Trotz der Bombenangriffe verließ sie ihr Haus nicht, um Menschen auf der Flucht, alte Leute, Kinder, schwangere Frauen zu beherbergen. Sie brach erst mit den letzten Flüchtlingen auf. Danach setzte sie sich dafür ein, daß nicht noch einmal Menschen das angetan würde, was sie durchgemacht hatte. Die getrennten Christen haben sich in Europa gegenseitig getötet, meinte sie, wenigstens sie sollten sich versöhnen und so einen neuen Krieg zu verhindern suchen. Sie stammte aus einer urevangelischen Familie. Sie wollte in sich selbst bereits eine Versöhnung vollziehen und ging in die katholische Kirche, ohne daß dies ihrer Familie gegenüber als Ableugnung erschien.

Die zweifache Bemühung seiner Großmutter – Wagnisse einzugehen für die am meisten mißhandelten Menschen der damaligen Zeit und sich mit dem katholischen Glauben zu versöhnen – prägen Frère Roger in seiner Kindheit und Jugend.

1940 ist er fünfundzwanzig Jahre alt. Ein weiterer Weltkrieg zerreißt Europa. Seit mehreren Jahren trägt er sich, von Leidenschaft für das Unbedingte erfüllt, mit dem Gedanken, eine monastische Gemeinschaft ins Leben zu rufen, die sich der Versöhnung widmet. Er verläßt die Schweiz, wo er geboren wurde, und zieht nach Frankreich, dem Land, aus dem seine Mutter stammt. Dort herrschten damals Krieg und Elend. »Je mehr ein Glaubender aus der Unbedingtheit Gottes leben will«, schreibt er, »desto wesentlicher ist es für ihn, diese Absolutheit in die Not der Menschen zu stellen.«

Auf der Suche nach einem Haus gelangt er nach Cluny, dessen monastische Vergangenheit er kennt. Ganz in der Nähe, im südburgundischen Dorf Taizé, steht ein Haus zum Verkauf. Dort sagt eine alte Frau, der er seinen Plan eröffnet, zu ihm: "Bleiben Sie hier, wir sind so vereinsamt." Er erkennt in den Worten der armen Frau die Stimme Gottes. Nirgendwo auf seiner Suche nach einem geeigneten Ort hatte er solche Worte gehört.

Taizé liegt zwei Kilometer von der Demarkationslinie zwischen der unbesetzten und der von den Deutschen besetzten Zone entfernt. Von 1940 bis 1942 nimmt Frère Roger in seinem Haus politische Flüchtlinge auf, die sich in die freie Zone absetzen, besonders Juden. Dreimal am Tag betet er allein in einem kleinen Gebetsraum, wie es später die Gemeinschaft beibehalten wird, deren Gründung er erwägt. Nachdem die Gestapo das Haus mehrfach durchsucht hatte, muß er sich von Ende 1942 bis Ende 1944 außerhalb von Frankreich aufhalten.

DIE COMMUNAUTE, EIN GLEICHNIS DER GEMEINSCHAFT

Von den ersten drei Brüdern begleitet, denen er unterdessen begegnet war, kehrt Frère Roger 1944 nach Taizé zurück. 1949 verpflichten sie sich, mittlerweile zu siebt, zum monastischen Leben in Ehelosigkeit, Anerkennung des Dienstamts des Priors und spiritueller wie materieller Gütergemeinschaft. Prior ist Frère Roger. 1952 schreibt er eine erste Fassung der »Regel von Taizé«, deren Inhalt (und Titel) er im Laufe der Jahre mehrfach überarbeitet. Sie bildet den Kern des vorliegenden Buches, das im Jahr des fünfzigjährigen Bestehens von Taizé erscheint.

Die Communauté verwurzelt sich von Anfang an in der monastischen Familie. Taizé liegt zehn Kilometer nördlich von Cluny und auch Cîteaux ist nicht weit, beides Orte entscheidender monastischer Erneuerung. Frère Roger deutet die geographische Lage symbolisch: »Taizé ist wie ein Trieb, der dem großen Baum monastischen Lebens eingepfropft ist. Seine Lage zwischen Cluny und Cîteaux erscheint bedeutungsvoll. Auf der einen Seite Cluny mit seiner Menschlichkeit, seinem Sinn für Maß und Kontinuität. Cluny, Anziehungspunkt für so viele Christen auf der Suche nach eigener innerer Einheit und nach Einheit mit dem Nächsten. Auf der anderen Seite Cîteaux, erneuert durch den heiligen Bernhard mit reformatorischem Eifer, unter Ablehnung jedes Kompromisses angesichts der Unbedingtheit des Evangeliums und mit einem geschärften Sinn für das Vordringliche. In ihrer Folge möchten wir den Sinn für das Vordringliche mit dem für anhaltende Kontinuität verbinden.«

Mit den Jahren wächst die Communauté. Seit 1969 können auch Katholiken zu ihr stoßen. Heute gehören zu ihr neunzig Männer aus etwa zwanzig Nationen, katholischen wie evangelischen Ursprungs. Von ihrer Existenz her ist sie Zeichen der Versöhnung zwischen Christen, die unter sich gespalten sind, und zwischen Völkern, die gegeneinander stehen. Sie lebt, nach einem Wort Frère Rogers, ein »Gleichnis der Gemeinschaft«.

Die Versöhnung unter den Christen bildet den Kern der Berufung der Communauté. Sie ist jedoch kein Selbstzweck; es geht vielmehr darum, daß die Christen Ferment der Versöhnung unter den Menschen, des Vertrauens unter den Völkern und des Friedens auf der Erde sind.

Die Communauté lehnt jede Spende und Schenkung, auch persönliche Erbschaften der Brüder, für sich selbst ab. Ihren Lebensunterhalt und was sie zum Teilen mit anderen brauchen, bestreiten die Brüder mit den Einkünften aus ihrer Arbeit.

Sobald die Communauté in den fünfziger Jahren zwölf Brüder zählte, zogen einige an Brennpunkte des Weltgeschehens, um als Zeugen des Friedens an der Seite der Armen mitzuleben. Heute leben in kleinen Fraternitäten Brüder unter den Armen in Latein- und Nordamerika, Asien und Afrika. Sie teilen die Lebensbedingungen der Menschen ihrer Umgebung, hören ihnen zu und unterstützen sie bei der Suche nach Lösungen.

Frère Roger verbringt immer wieder Zeiten an Orten, wo Menschen in besonders harten Verhältnissen leben, um dort in Stille zu beten und manchmal eine Situation ins öffentliche Bewußtsein zu rücken. Er lebte mehrmals einige Zeit im portorikanischen Viertel, in dem die Brüder in New York wohnen. Er fuhr kurz nach dem Staatsstreich nach Chile, später in ein Elendsviertel von Kalkutta, nach Südafrika, in das süditalienische Erdbebengebiet, in den Libanon, nach Haiti, in die mauretanische Sahelzone, in ein Slum von Madras, nach Äthiopien. Jährlich begibt er sich nach Osteuropa, wo die Communauté seit Anfang der sechziger Jahre trotz der lange Zeit erschwerten Begegnungsmöglichkeiten mit vielen Menschen in Kontakt ist.

DER ZUSTROM JUGENDLICHER UND DIE INTERKONTINENTALEN TREFFEN

Seit 1957/58 kommen immer zahlreicher Jugendliche nach Taizé, aus Portugal wie aus Schweden, aus Schottland wie aus Polen, später auch von den anderen Erdteilen. Sie beteiligen sich an den Wochentreffen, in deren Mittelpunkt die Suche nach den Quellen des Glaubens steht. Schon lange vor den Ereignissen von 1989 stellten sich zunehmend auch Jugendliche aus osteuropäischen Ländern ein. Bei den Interkontinentalen Treffen begegnen sich Jugendliche aller Hautfarben; bis zu hundert Nationen kann man in einem Sommer zählen. Ohne die nach Tausenden zählenden Pilger zu berücksichtigen, die Tag für Tag einige Stunden in Taizé verbringen, versammeln sich bei den Interkontinentalen Treffen in jeder Sommerwoche drei- bis sechstausend Jugendliche; im Frühjahr und Herbst sind es jede Woche fünfhundert bis tausend. Die meisten Besucher kommen zu Ostern, Pfingsten und am Buß- und Bettag/Allerheiligen.

Die Reisekosten der Jugendlichen von den südlichen Kontinenten werden von Kirchengemeinden in Europa getragen. Nach einer Vorbereitungszeit in Taizé verbringen sie einige Wochen in diesen Gemeinden. Jahrhunderte hindurch wurde das Evangelium vor allem von Europa aus weitergetragen. Heute können sich Jugendliche aus Ländern, in denen der Glaube manchmal viel lebendiger ist, an einer neuerlichen Evangelisation Europas, am Anbruch eines Frühlings der Kirche beteiligen.

Über Jahrzehnte wurden Hunderttausende von Jugendlichen in Taizé mit einer zentralen Frage konfrontiert: wie kann man Glaube und Engagement, inneres Leben und Solidarität mit den Menschen verbinden. Mehrere Generationen haben dort nicht nur einen Sinn für das Gebet und eine universalere Sicht der Kirche gewonnen, sondern auch Gespür für verletzte Menschenrechte, ein internationales Bewußtsein, Vertrauen in fremde Völker und Sinn für die Vordringlichkeit des Friedens und Teilens unter den Kulturen erworben.

Dreimal am Tag finden gemeinsame Gebete in der »Kirche der Versöhnung« statt, die, 1962 erbaut und 1990 erweitert, oft mit Hilfe von Großzelten ausgedehnt wird. Prägend für die Liturgie sind die »Gesänge aus Taizé«: Wiederholgesänge, die aus einem Satz bestehen und in verschiedenen Sprachen einen wichtigen (biblischen) Gedanken zum Ausdruck bringen, der schnell begriffen und nach und nach verinnerlicht werden kann. Jeden Abend bleiben Brüder in der Kirche und hören allen zu, die sich in persönlichen Fragen anvertrauen möchten.

Das Gebet am Samstagabend wird als Auferstehungsfeier, als Lichterfest gestaltet. Aus Moskau brachte Frère Roger ein Symbol für den Freitagabend mit: eine Kreuzikone auf den Boden legen, die Stirn auf das Holz des Kreuzes beugen und so Gott die eigenen Lasten und die der anderen anvertrauen, indem man den Auferstandenen begleitet, der für jeden Menschen, der leidet, im Todeskampf liegt.

Seit 1966 leben im Nachbardorf Schwestern von St. André, einer vor 750 Jahren gegründeten internationalen katholischen Gemeinschaft. Sie haben einen Teil der mit den Treffen verbundenen Aufgaben übernommen.

EIN PILGERWEG DES VERTRAUENS AUF DER ERDE

1970 kündigte Frère Roger ein Konzil der Jugend an, dessen Hauptversammlung 1974 stattfand. In einer Zeit, in der die Jugendlichen zumal in Europa entmutigt waren und sich von der Kirche abwandten, half ihnen das Konzil der Jugend, ihren Teil zur Versöhnung unter den Christen und zum Aufbau des Friedens beizutragen. Das Konzil wurde 1979 vorläufig ausgesetzt (spätere Etappen sind nicht ausgeschlossen) und ging in einen Pilgerweg der Versöhnung über.

1982 schlug Frère Roger vom Libanon aus den Jugendlichen vor, sich auf einen »Pilgerweg des Vertrauens auf der Erde« zu machen. Dieser Weg hat nicht die Gestalt einer fest organisierten Bewegung; vielmehr hat jeder in seinem Alltag herauszufinden, wie er im Einsatz für Frieden, Versöhnung in der Kirche und Vertrauen auf der Erde unterwegs sein kann, im eigenen Viertel oder Dorf, in der Kirchengemeinde, mit allen Generationen.

Als Skizze für diesen Pilgerweg schreibt Frère Roger jedes Jahr einen »Brief«, meistens an einem aktuellen Brennpunkt der Erde (Briefe aus Kalkutta, Warschau, Haiti, Madras, Äthiopien, Rußland...). Diese Briefe werden in 30 Sprachen übersetzt und dienen jeweils ein Jahr lang als Grundlage für Gespräche und persönliches Nachdenken.

Als Stationen auf dem Pilgerweg werden Treffen mit Tausenden von Jugendlichen vorbereitet, mit gemeinsamen Gebeten in den Domen und Begegnungen in Kirchengemeinden aller Konfessionen großer Städte, wie Montreal, New York, Washington, Madrid, Dublin, Lissabon, Brüssel, Ostberlin, München, Dresden, Wien... Jährlich findet ein Europäisches Treffen mit bis zu 50 000 Jugendlichen in einer west- oder osteuropäischen Metropole statt. Von Zeit zu Zeit gibt es ein asiatisches Treffen.

1988 wurden aus Anlaß der Tausendjahrfeier der Taufe der Rus, mit dem Erlös einer von Taizé angeregten Kollekte, eine Million Ausgaben des Neuen Testaments auf Russisch gedruckt und in Rußland verteilt.

In der Sorge um die Bewahrung von Menschenleben verwendet sich Frère Roger ohne Aufhebens für die Beilegung des einen oder anderen Konflikts irgendwo auf der Erde. Er tritt auch im Namen der Jugendlichen öffentlich für den Frieden ein, jeweils in Begleitung von Kindern aus mehreren Erdteilen, damit deutlich wird, daß es nicht um seine Person, um einen alten Menschen, sondern um die geht, deren Zukunft bedroht ist. Er sucht die Botschafter der Vereinigten Staaten und der Sowjetunion in Madrid sowie die Staatsmänner verschiedener Länder auf. Er überbringt dem Generalsekretär der UNO, Perez de Cuellar, Vorschläge Jugendlicher, wie die UNO mehr Vertrauen zwischen den Völkern schaffen kann. Der Generalsekretär schreibt in einem Brief: »Der Pilgerweg des Vertrauens auf der Erde, der von Taizé ausgeht, bringt uns mit den Jugendlichen dem Ideal des Friedens näher, nach dem wir uns alle sehnen.« 1974 erhält Frère Roger den Friedenspreis des deutschen Buchhandels, 1988 den UNESCO-Preis für Friedenserziehung und 1989 den Internationalen Karlspreis der Stadt Aachen.

Mit sprechenden Gesten und Symbolen wird in Taizé versucht, jenseits der gegenwärtigen Schwierigkeiten auf den Anbruch eines Frühlings der Kirche zu verweisen, auf eine Kirche, die mitten in der Menschheit »Land der Versöhnung, Land des Miteinanderteilens und der Einfachheit« sein kann.

Frère Roger, Taizé

Blühen wird deine Wüste
Tagebuchaufzeichnungen
Band 1100, 96 Seiten

Vertrauen wie Feuer
Tagebuchaufzeichnungen
Band 1194, 128 Seiten

Frère Roger in seinem Tagebuch
Alles vom andern verstehen
Band 1317, 128 Seiten

Frère Roger in seinem Tagebuch
Jeden Augenblick neu
Band 1365, 128 Seiten

im Herder Taschenbuch Verlag

Frère Roger, Taizé

Kreuzweg
Maria, Mutter der Versöhnung

Zwei Bändchen mit Meditationen von Frère Roger und Mutter Teresa

Erlebnis Taizé

*Fotoband von Vladimir Sichov
Mit Texten von Frère Roger*

Frère Roger und Taizé,
Leben für die Versöhnung

von Kathryn Spink